BEI GRIN MACHT SICH IHR WISSEN BEZAHLT

- Wir veröffentlichen Ihre Hausarbeit, Bachelor- und Masterarbeit

- Ihr eigenes eBook und Buch - weltweit in allen wichtigen Shops

- Verdienen Sie an jedem Verkauf

Jetzt bei www.GRIN.com hochladen und kostenlos publizieren

Philipp Kracht

Global Cities - Fallbeispiel Mumbay

GRIN Verlag

Bibliografische Information der Deutschen Nationalbibliothek:

Die Deutsche Bibliothek verzeichnet diese Publikation in der Deutschen National-
bibliografie; detaillierte bibliografische Daten sind im Internet über http://dnb.d-
nb.de/ abrufbar.

Impressum:

Copyright © 2005 GRIN Verlag GmbH
Druck und Bindung: Books on Demand GmbH, Norderstedt Germany
ISBN: 978-3-640-56065-3

Dieses Buch bei GRIN:

http://www.grin.com/de/e-book/47114/global-cities-fallbeispiel-mumbay

GRIN - Your knowledge has value

Der GRIN Verlag publiziert seit 1998 wissenschaftliche Arbeiten von Studenten, Hochschullehrern und anderen Akademikern als eBook und gedrucktes Buch. Die Verlagswebsite www.grin.com ist die ideale Plattform zur Veröffentlichung von Hausarbeiten, Abschlussarbeiten, wissenschaftlichen Aufsätzen, Dissertationen und Fachbüchern.

Besuchen Sie uns im Internet:

http://www.grin.com/

http://www.facebook.com/grincom

http://www.twitter.com/grin_com

RHEINISCHE FRIEDRICH-WILHELMS-UNIVERSITÄT

Stadtgeographie II:

Global Cities

Fallbeispiel: Mumbai

Unterseminar Humangeographie WS 04/05

Datum: 27.01.2005

Gliederung

I. Mumbai auf dem Weg zur Global City? - Potenziale und Grenzen:

Beispiel I: Mumbai auf dem Weg zur Global City? - Potenziale und Grenzen

1.0 Einleitung

Mumbai (vor 1995: Bombay) ist eine der Megastädte Indiens, wobei die Bezeichnung Megastadt verschiedenermaßen festgelegt worden ist: Die UN definiert Megastadt als einen Agglomerationsraum von mindestens 8 Millionen Einwohnern, Andere versuchen eine genauere Definition zu finden, so zum Beispiel Bronger (1996):

- mindestens 5 Millionen Einwohner
- mindestens 2000 EW / km²

Geht man von einer Bevölkerungsgrenze von 5 Millionen Personen aus, so gab es in Indien im Jahr 2000 neben Mumbai (ca. 16 Mio.) fünf weitere Megastädte: Calcutta (13 Mio.), Delhi (12,5 Mio.), Madras (6,5 Mio.), sowie Bangalore und Hyderabad mit jeweils um die 5,5 Millionen Einwohnern (United Nations Population Devision: World Urbanization Prospects: The 2001 Revision). Insgesamt macht in Indien die urbane Bevölkerung nur 28,6 % der im Jahre 2000 knapp über einer Milliarde großen Bevölkerung (Census 2001) aus, was Indien, hinter China immerhin das bevölkerungsreichste Land der Erde, den Ruf eingebracht hat, ein Land der Dörfer zu sein. Hier lässt sich schon erahnen, welch extreme Disparitäten ein potenzialer Wirtschaftsriese wie Mumbai aufwerfen kann. Neben dieser näher zu beleuchtenden Tatsache sollen Mumbais politische Besonderheiten und deren Ursprünge geklärt werden, wobei hier wiederum eine Verknüpfung zur wirtschaftlichen Sonderstellung der Stadt innerhalb des Landes erstellt werden wird.

Demgegenüber stehen Delhi als Hauptstadt und Verwaltungszentrum, sowie Calcutta als Kulturhochburg Indiens. Insgesamt ist auch in Indien der Dienstleistungssektor im Aufschwung (siehe Tab.1), wobei davon auszugehen ist, dass die Werte für Mumbai selbst wesentlich höher sind. Insbesondere liegen die Gründe hierfür darin, dass der ehemals wichtigste Wirtschaftszweig der Stadt, die Textilindustrie, verdrängt worden ist und sich die Arbeitsplätze in den informellen Sektor verlagert haben. (Banerjee-Guha, nach Nissel 2004)

Zusammensetzung des Sozialprodukts (%)	1969/70	1979/80	1989/90	1995/96
Primärsektor (Landwirtschaft, Forsten, Fischerei, Bergbau)	45,1	37,6	33,9	28,8
Sekundärsektor (verarb. Industrie, Bau, Elektrizität etc.)	23,0	25,4	27,0	29,2
Handel, Transport, Kommunikation	14,3	16,9	18,3	20,0
Finanzwesen, Immobilien	8,1	9,3	9,9	11,3
Sonstige Dienstleistungen(einschl. Staat, Verteidigung)	9,6	10,8	10,9	10,7
Bruttoinlandsprodukt zu Faktorkosten von 1980/81	100	100	100	100

Quelle: Economic survey 1996-97. p. 3-5.   Quelle: http://www.sai.uni-heidelberg.de/abt/intwep/zingel/india-ai.htm

Tabelle 1

2.0 Die wirtschaftlichen Potenziale Mumbais

2.1 Kurze Zusammenfassung der historischen Zusammenhänge

Mumbai, das wirtschaftliche Zentrum Indiens, mit dem symbolträchtigen Wahrzeichen, dem Gateway of India, errichtet 1911 zum Empfang des englischen König George V und seiner Queen Mary. Ein viel wichtigeres Ereignis war jedoch der Bau des Suez Kanal im Jahr 1869, wodurch Mumbai mit Nhava Sheva, dem größten Hafen Südasiens(TAZ, 16.1.04) die wichtigste Verbindung zur Kolonialmacht England wurde: „(...) Aber als Knoten im Netzwerk weltweiter Austauschbeziehungen ist Mumbai wichtigster Ankerplatz für ausländische Investoren und Firmen, die sich in einem Land mit über 1 Mrd Einwohnern entsprechende Marktchancen erhoffen."(Nissel 2004, S. 56) Im Jahr 1995 wurde Bombay auf Initiative der Partei Shiv Sena (s. u.) in Mumbai umbenannt. Hintergrund war der Ursprung des alten Namens, welcher von den portugiesischen Invasoren gewählt worden war. Indem sie mit dem neuen Namen der lokalen Muttergottheit Mumbadevi huldigte, errang die Partei etliche Wählerstimmen, da man so die Zeit der britischen Kolonialherrschaft vergessen machen wollte. Eine wichtige, wenn nicht die wichtigste Vorraussetzung dafür, dass Mumbai sich überhaupt anschickt, wirtschaftlich konkurrenzfähig zu werden, fasst Nissel zusammen:

„ Die schrittweise Umformung Mumbais von der Wirtschaftsmetropole Indiens zur World City wird deutlich getragen von der New Economy Police des Landes (NEP), die wie ein nationales Subsystem der Globalisierung agiert. Die ökonomische Reformpolitik seit 1991 hat zu einem tief

4

greifenden Strukturwandel der indischen Wirtschaft geführt, bei dem eine über 40 Jahre andauernde gelenkte Planwirtschaft fast über Nacht durch eine kapitalistische, „freie" Marktwirtschaft abgelöst wurde, in welcher globalen Einwirkungen Tür und Tor offen stehen."(2004)

Nur durch die hier beschriebenen Vorgänge wurden überhaupt erst Investitionen in den weiter unten beschrieben Maßstäben möglich, wobei das Investitionsverhalten sich nachhaltig auf die wirtschaftlichen Strukturen des gesamtindischen Raumes ausgewirkt hat:

2.2 Mumbai in Indien – Die wirtschaftliche Ausnahmestellung

Ein gerne zu Rate gezogenes Maß, um eine wirtschaftlich gesehen wichtige Stadt zu definieren sind stets ihre Banken, in erster Linie solche, die weltweit agieren. In Mumbai haben 48 der 96 in Indien gelegenen Banken ihren Hauptsitz, darunter allein 13 der 20 größten Gesamtindiens. In der Hauptstadt Delhi, die sich anschickt den Rückstand gegenüber Mumbai zu verkleinern, befinden sich nur 5 Hauptsitze von Banken. Was allerdings noch wesentlich besser Mumbais Stellung als Knotenpunkt zur restlichen Weltwirtschaft wiederspiegelt ist die Tatsache, dass von 34 ausländischen in Indien angesiedelten Banken 31 in Mubai ihren Sitz haben. Außerdem hatten im Jahr 1999 die beiden ansässigen Börsen, nämlich der Bombay Stock Exchange(BSE) und der National Stock Exchange(NSE) allein zwei Drittel des gesamtindischen Börsenumsatzes zu verzeichnen. (Nissel 2004, nach Wamser 2002) Die besondere Attraktivität Mumbais für ausländische Investitionen verdeutlicht sich unter anderem am Beispiel Deutschland: So verbuchte Mumbai im Zeitraum von 1991 bis 1996 42 % der deutsch-indischen Direktinvestitionen (Geissbauer/ Siemens 1996, S. 51 ff). Wamser(2002, S. 45) geht davon aus, dass die Investitionen der NRIs (Non Resident Indians) in Mumbai sich im Zeitraum 1991-1998 auf über 2 Mrd. US$ belaufen, während Delhi mit 900 Mio. US§ weit abgeschlagen auf dem zweiten Platz rangiert.

Einen wichtigen Grund warum Mumbai für internationale Investoren so wichtig ist zeigt wiederum Nissel in seinem Aufsatz auf: Er nennt die weichen Standortfaktoren, die für eine global bedeutende Stadt von immensem Vorteil sind, allen voran die Bildungseinrichtungen, die sowohl mit ihrer Tradition (die älteste und beste Universität Indiens) als auch mit ihrer Vielfalt bestechen, aber auch die medizinischen Einrichtungen und ein breit gefächertes Freizeitangebot. (www.mumbaiyellowpages.com, nach Nissel 2004, S. 56)

2.3 Mumbai im internationalen Vergleich

Mumbai ist eine Wirtschaftsmacht – auf nationaler Ebene. Wie bereits erwähnt machen der NSE und der BSE zwar den Hauptteil der gesamtindischen Börsenumsätze aus, jedoch spielen sie im asiatischen Raum nur eine zweitrangige Rolle. Mumbais Flughafen tätigt zwar 75 % der Importe und 64 % der Exporte aus, doch bedeuten die absoluten Werte im internationalen Vergleich nur Rang 64, und auch die 12 Mio. Fluggäste, die jährlich von Mumbais Flughafen starten, ergeben nur Platz 80. (Zahlen von 2000, nach Nissel 2004)

3.0 Mumbai als Beispiel für funktionale Primacy in einem Entwicklungsland

3.1 Funktionale Primacy

1984 erklärte Dirk Bronger den Begriff der funktionalen Primacy. Gemeint ist damit eine Hegemonialstellung einer Stadt im Vergleich zu anderen Städten eines Landes im funktionellen Bereich. Parallel dazu gibt es unter anderem den Begriff der demographischen Primacy, wofür die französische Hauptstadt Paris als Primatstadt das beste Beispiel ist. Bronger versucht nun am Beispiel Indien die funktionale Primacy darzustellen. Besonders ist daran nicht die Tatsache, dass bestimmte Städte in funktionellen Bereichen (messbar etwa an TV- Anschlüssen pro Einwohner, Fahrzeuge/EW etc.) dem Rest des Landes voraus sind, sondern dass die Lücke unverhältnismäßig groß ist. Diese funktionalen Erhebungen sind also ein wichtiger Indikator für eventuelle Disparitäten. Analog zur funktionalen Primacy führt Bronger die Primacy Ratio als Verhältnismaß der Werte der zu untersuchenden Stadt zu jenen vom Rest des Landes.

3.2 Mumbais funktionale Primacy

Die funktionale Primacy Mumbais verdeutlicht Bronger an einem einfachen Beispiel, nämlich dem der Telefonanschlüsse: So liegen in Mumbai 1993 78,7 % aller Telefonanschlüsse des Landes, während die Stadt zum selben Zeitpunkt nur 13,1 % der Bevölkerung Indiens stellt. Somit spricht man von einer Primacy Ratio von

$$78,7 : 13,1 = 6,0 \text{ , also } 6:1$$

während man in Paris einen Wert von 1,1:1 vorfindet, wobei Paris, wie erwähnt, demographisch eine absolute Primatstadt ist.(Bronger,1994, nach Bronger, 1993a) Erstaunlich ist dies auch vor dem Hintergrund, dass im Jahre 1991 60% der Bevölkerung Mumbais Slumbewohner waren (2 Jahre vor Brongers Erhebungen, nach Nissel, 2004), deren Anteil an denTelefonanschlüssen verschwindend gering sein dürfte, so dass sich zum Erhebungszeitpunkt in Mumbai 78,8 % der Telefonanschlüsse auf wenig mehr als 5 % der Gesamtbevölkerung Indiens verteilte. Interpretiert man diese Daten unter Berücksichtigung der wirtschaftlichen Vormachtstellung der Stadt, so wird deutlich, dass andere Standorte in Indien schon allein auf Grund fehlender Infrastrukturen erhebliche Probleme haben werden, ähnliche Erfolge zu erzielen.

3.3 Regionale funktionale Primacy

Wie in Tabelle 5 zu sehen ist, ist die These der funktionalen Primacy ebenso gut auf regionalen Daten belegbar: Das Verhältnis von Mumbais Telefonanschlüssen zu denen Maharashtras liegt im Jahre 1988 bei 64:1. 1985 wurde in Mumbai 80 mal soviel Kapital investiert wie in Gesamt-Maharashtra. Diese Daten sind Indikatoren für die enorme Sogkraft, die eine Megastadt wie Mumbai auf seine Umgebung besitzt; neben der Bevölkerung, die sie anzieht, bündelt sie auch einen riesigen Anteil des Fremdkapitals und hemmt so ihre Umgebung sowohl auf regionaler als auch auf nationaler Ebene.(Bronger 1994)

Tab. 5: Regionale funktionale Primacy:
Variationsbreite von Einzelindikatoren - Bombay : Maharashtra

Nr.	Indikator	Bezugsjahr	Variationsbreite
1	Krankenhausbetten	1987	6:1
2	Industriearbeiterbesatz	1987	76:1
3	Investiertes Industriekapital	1985	80:1
4	Produktionswert der Industrie	1985	283:1
5	Elektrizitätsverbrauch - private Haushalte	1988	16:1
6	- Industrie	1987	41:1
7	- insgesamt	1987	29:1
8	Motorfahrzeuge insges.	1987	29:1
9	Telephonanschlüsse	1988	64:1
10	Zeitungen	1988	299:1
11	Bankeinlagen / Mitglied[1]	1988	29.843:1

[1] "agricultural & non-agricultural credit apex and central institutions"
Quellen: GOM 1991 und frühere Jahrgänge (Berechnungen v. Vf.)

3.4 Slumentwicklung

Wie Bronger 1994 in seinem Referat darlegt, ist eine der wichtigsten Ursachen für die extremen Wohnbedingungen, unter denen die ärmere Bevölkerung zu leiden hat, der extreme Bevölkerungszuwachs, dem die Stadt in keiner Hinsicht gewachsen war. Von 1941 bis 1991 stieg die Fläche Bombays von 1 815 Quadratkilometern auf 12 569. Die Stadt war nicht ansatzweise in der Lage, dieser Entwicklung Rechnung zu tragen und den Migrationsströmen in Hinsicht auf die Infrastruktur gerecht zu werden. Somit stiegen die Grundstücks- und Mietpreise ins Unermessliche, in keinster Weise konnte die lokale Bevölkerung aus der Arbeiterschicht sich dabei noch Wohnflächen im Inneren der Stadt leisten. Zwar gibt es ein umfassendes Untergrundbahnnetzwerk (Anhang, Abb. 1), doch ist dieses, wie fast alle öffentlichen Einrichtungen einem geringen Anteil der Bevölkerung vorbehalten. So gibt es zwar keine Gelder für sozialen Wohnungsbau, wohl aber stellte die *Mumbai Metropolitan Regional Development Authority* (MMRDA), welche sich mit der Planung der Region in Hinsicht auf eine internationale Konkurrenzfähigkeit auseinander setzt, Gelder für den Western Express Freeway bereit. Diese Strecke (vom CBD zum Airport) ist ein Zeichen für mögliche Investoren, dass Mumbai bereit ist, weiter zu wachsen und Ihnen eine gute Infrastruktur zu bieten. Außerdem ist sie aber auch ein weiterer Aspekt, der die innerstädtischen Disparitäten aufzeigt.

Des weiteren hat die MMRDA IT-Parks geplant, die helfen sollen, den Rückstand, den die Stadt im Bereich der IT- Exporte auf die Region Bangalore hat, zu verringern. In dieser extrem wichtigen Wirtschaftssparte rangiert Bangalore mit 43 % Exportanteilen allzu weit vor Mumbai (nur 29 %). (Nissel,2004, S. 56)

4.0 Politischer Brennpunkt Mumbai

In seiner Analyse Mumbais aus dem Jahre 2004 geht Nissel speziell auf die Disparitäten innerhalb der Stadt ein, wobei er aufzeigt, in welcher Art und Weise diese erheblichen Ungleichheiten die politisch angespannten Verhältnisse prägen: So stellen besonders die schon erwähnten Auslandsinder eine von der Regierung besonders bevorzugte Gruppe dar, da sie, im Ausland häufig zu Wohlstand gekommen, mit ihren Beziehungen den Weg für ausländische Investoren ebnen und somit eine wichtige Verbindung zum internationalen Markt darstellen. (siehe auch Kapitel 2.2)„Sie genießen Sonderrechte bei Kapitaltransfers, Firmengründungen etc. und spielen am Immobilienmarkt Mumbais eine dominierende Rolle. Doch ist diese Gruppe nur ein Beispiel für den Wohlstand, den die Oberschicht Mumbais angehäuft hat und der in krassem Gegensatz zu der Armut in den über 1200 Slums der Stadt. Hinzu kommt die prekäre Tatsache, dass in der Metropole Inder aus allen Regionen des Landes aufeinander treffen, jeder Einzelne auf der Suche nach dem wirtschaftlichen Glück, ganz zu schweigen von den ausländischen Investoren. Zwar stammen noch 42% der Bevölkerung aus dem Bundesstaat Maharashtra, doch stellen sie hauptsächlich die verarmte Bevölkerung, während Zugewanderte die wirtschaftlichen Aktivitäten der Stadt bestimmen. (nach Nissel 2004, S. 57)

Diesen problematischen Gegensätzen folgen ihre Konsequenzen, und so hat die seit den 70er Jahren tätige rechtsradikale hinduistische Gruppierung Shiv Sena ihren politischen Einfluss gemehrt und bietet den zahlenmäßig starken Bewohnern der Slums eine Basis um ihren Frust gegen Einwanderer zu kanalisieren. So war die heute größte Lokalpartei hauptverantwortlich für die Pogrome im Dezember 1992, als deren Anhänger eine Moschee zerstörten und von Muslimen bewohnte Slumviertel niederbrannten, wobei mehrere Tausend Muslime umkamen. Immer mit dem Argument werbend, die Nicht-Marathi würden den Ortstämmigen die Arbeitsplätze wegnehmen, ist die Partei heute so mächtig, dass sie das politische Geschehen Gesamtindiens in Kooperation mit der Delhi-Regierung BJP zu mindest mit beeinflussen kann. (TAZ, 2004) Während Shiv Sena einerseits seine Kader aus Jugendlichen aus den Slums rekrutiert, stehen sie andererseits für Anti-Slum-Bewegungen, wie zum Beispiel einer ihrer Slogans „Clean Bombay – Green Bombay" belegt. Diese Widersprüchlichkeit belegt die Orientierungslosigkeit mit der die Slumbewohner sich aus ihrer Lage zu befreien versuchen. Das ihre Marginalisierung in großem Maß auf die Globalisierung zurück zu führen ist, sollte in den vorangegangenen Abschnitten deutlich geworden sein.

Allein im Hinblick auf die Zukunft sind die aufgezählten Probleme, die in den Slums vorherrschen (Hygiene, Rassenunruhen, Verarmung extremen Grades, fehlende Infrastruktur etc.), für Mumbai eigentlich gar nicht tragbar, will die Stadt auch nur annähernd den Anschluss an die internationale Konkurrenz schaffen. Einseitige Verbesserungen der Standortfaktoren, die nur auf einen geringen Teil der Fläche fallen, verschlechtern auf Dauer das Image der Stadt so sehr, dass dies auf eventuelle Investoren abschreckend wirkt. Die aufgezeigten Disparitäten, seien sie von innerstädtischem, regionalem oder auch von nationalem Ausmaß, müssen minimiert werden, wobei diese Erkenntnis allein als Lösungsansatz mit Sicherheit nicht ausreicht.

Literaturverzeichnis

BRONGER, D. (1994): „Indiens Megastädte: Fluch oder Segen?" In: *Megastädte der Dritten Welt*. Interdisziplinärer Arbeitskreis Dritte Welt. Veröffentlichungen, Bd. 8. Mainz.

BRONGER, D (1996): „Megastädte". In: Geographische Rundschau 48, Heft 2, S. 74-82.

GERHARD, U. (2004): „Global Cities – Anmerkungen zu einem aktuellen Forschungsfeld, in: Geographische Rundschau 56, Heft 4, S.4-9.

IMHASLY, B.(2004): Bombay, Mumbai, Slumbay. In: die Tageszeitung vom 16.1.2004, S. 4

NISSEL, H.(2004): „Mumbai: Megacity im Spannungsfeld globaler, nationaler und lokaler Interessen". In: Geographische Rundschau, Heft 4, S. 55 – 60.

WAMSER, J.I.(2002): „Mumbai -Standort für deutsche Firmen?" Bochum. (Materialien zur Raumordnung 60)

Internetadressen

www.census.gov/

www.mumbaiyellowpages.com

www.mmrdamumbai.org/

www.sai.uni-heidelberg.de/abt/intwep/zingel/india-wi.htm